Ella persistió
en la ciencia

*Mujeres brillantes
que marcaron la
diferencia*

Atribuyo mi éxito a lo siguiente:

Nunca di o acepté una excusa. · Desde pequeña

me gustó y quise buscar cada oportunidad posible para aliviar

el sufrimiento ajeno. · No creo que exista un lugar en el mundo

donde una mujer no pueda aventurarse. · Si haces algo sólo una vez, la gente

lo llamará un accidente. Si lo haces dos veces, lo llamarán una coincidencia. Pero hazlo tres veces, ¡y habrás demostrado

una ley científica! · La ciencia no puede ni debe ser separada de la vida diaria. · Cuando estás trabajando día a día no piensas: "¿Qué

impacto tendrá esto en el mundo?" Lo único que piensas es: "Debo hallar la respuesta correcta". · Cada uno de nosotros marca una diferencia . . . nuestra

forma de actuar a diario puede ayudar a cambiar el mundo. · La alegría que trae un descubrimiento es aún mayor cuando sabes que tu trabajo puede marcar la diferencia en las

vidas de otros. · Lo que le ha dado sentido a mi vida es más que la investigación científica; es ayudar a la gente a resolver problemas utilizando la ciencia. Es marcar la diferencia

utilizando todo lo que he aprendido. · Antes no me gustaba que me llamaran una "mujer arquitecta" . . . Pero ahora veo la tremenda necesidad que otras mujeres tienen de saber que

ellas también pueden hacer esto, por lo que ahora no me molesta para nada. · No tengas miedo de alcanzar las estrellas. · Nadie es demasiado joven o pequeño para cambiar el mundo.

· El mundo . . . debería estar lleno de gente alzando la voz, utilizando su poder y su presencia, luchando por la justicia. · Hemos demostrado que estamos unidos y que nosotros, los

jóvenes, somos imparables. · Si ustedes no actúan, ¡lo haremos nosotros! · Ningún niño debería crecer sin saber lo que es el agua limpia, o sin saber lo que es el agua corriente.

Escrito por
Chelsea Clinton

Ilustrado por
Alexandra Boiger

Traducido por
Adriana Domínguez

PHILOMEL BOOKS

PHILOMEL BOOKS
An imprint of Penguin Random House LLC, New York

First published in the United States of America by Philomel Books,
an imprint of Penguin Random House LLC, 2022

Visit us online at penguinrandomhouse.com.

Printed in China

ISBN 9780593524879

10 9 8 7 6 5 4 3 2

HH

Edited by Jill Santopolo
Design by Ellice M. Lee
Text set in ITC Kennerley

The art was done in watercolor and ink on Fabriano paper, then edited in Photoshop.

Para Jasper, Aidan y Charlotte, y para los
niños curiosos de todo el mundo —C. C.

Para Heidi, con amor —A. B.

En la ciencia, ser mujer no es siempre fácil. A veces, a las mujeres les dicen que sus ideas no son suficientemente inteligentes, que sus investigaciones no son suficientemente buenas y que su trabajo no es suficientemente importante— simplemente porque son mujeres. Pero nada de eso es verdad. El mundo necesita los descubrimientos de todos los científicos.

Estas mujeres persistieron
y se lo demostraron a cada generación.

De niña, FLORENCE NIGHTINGALE soñaba
con ser enfermera. Aún cuando su familia no la apoyó, ella persistió
y lo logró. Cuando el gobierno británico le pidió a Florence que
buscara formas de mejorar la atención médica de los soldados en
sus hospitales, el personal rehusó seguir las instrucciones de una
mujer. Pero **ella persistió** una vez más, y pronto, los hospitales
comenzaron a aplicar vendas limpias a las heridas, a bañar a
los pacientes y a proveerles comidas más sanas. Su costumbre
de visitar las salas durante la noche cargando una pequeña luz
resultó en su apodo: "la dama de la lámpara". Ella dedicó su vida
a mejorar la atención médica de los pacientes y al entrenamiento
de las enfermeras. Estudiantes de todo el mundo aún estudian sus
métodos para mejorar la salud pública actual.

Atribuyo mi éxito a lo siguiente:
Nunca di o acepté una excusa.

REBECCA LEE CRUMPLER creció con su tía en Pensilvania, donde la vio cuidar de sus vecinos enfermos frecuentemente. Esto inspiró a Rebecca a convertirse en enfermera, y luego a matricularse en la Facultad de Medicina para Mujeres de Nueva Inglaterra, la primera institución en entrenar a mujeres para la medicina en Estados Unidos. Después de convertirse en la primera doctora afroamericana en Estados Unidos, comenzó a atender a mujeres y niños de bajos recursos, y luego, después de la Guerra Civil, trabajó en La Oficina de los Libertos, brindando atención a personas que habían sido esclavizadas. En el Sur de Estados Unidos, Rebecca enfrentó racismo y sexismo extremo. Algunos de sus colegas doctores se negaron a trabajar con ella. Se podría haber rendido, pero **ella persistió** en atender a sus pacientes porque sabía que muchos médicos blancos no lo harían. Su legado perdura en la Sociedad Rebecca Lee para doctoras afroamericanas.

Desde pequeña me gustó y quise
buscar cada oportunidad
posible para aliviar
el sufrimiento
ajeno.

Cuando **YNES ENRIQUETTA JULIETTA MEXIA** era pequeña, su familia se mudaba frecuentemente. Lo más permanente en su vida era su amor por la lectura, la exploración y la naturaleza, ya fuera en Texas, Maryland o México. Cuando Ynés creció, se mudó a San Francisco y comenzó a explorar los bosques de secuoyas rojas cerca de su casa. Esto despertó su curiosidad. Durante esa época, no era común que las mujeres asistieran a la universidad, especialmente las mujeres mayores de cincuenta años. Sin embargo, a los cincuenta y un años, **ella persistió** en estudiar botánica en la Universidad de California, en Berkeley. A lo largo de su carrera, viajó por las Américas, colectando más de 145.000 especímenes de plantas, los cuales, científicos continúan utilizando en sus investigaciones décadas después. Al menos cincuenta de los especímenes que Ynés descubrió ahora llevan su nombre.

No creo que exista un lugar en el mundo donde una mujer no pueda aventurarse.

Cuando GRACE HOPPER nació, la mayoría de los matemáticos eran hombres (y lo siguen siendo hoy en día). De cualquier forma, Grace recibió un doctorado en Matemáticas y se convirtió en auxiliar de cátedra de matemáticas de la Universidad Vassar. Luego, durante la Segunda Guerra Mundial, ingresó a las fuerzas navales en reservas de Estados Unidos y comenzó a trabajar con una de las primeras computadoras, cuyo nombre era Mark I. Ella fue una de las primeras personas en programarla. Cuando una polilla quedó atrapada en los circuitos de la computadora, Grace la llamó "bug" (que en inglés significa insecto), creando así el término más utilizado hoy para nombrar errores de computación. Algunos de los científicos hombres no creían que ella pudiera crear un programa que convirtiera a las palabras en números, pero **ella persistió** y les demostró que sí lo podía hacer. Sus investigaciones llevaron a la invención de los lenguajes de programación. A causa de todas sus contribuciones, algunos la han llamado "Gracia Asombrosa" (en inglés, "Amazing Grace", como la famosa canción).

Si haces algo sólo una vez, la gente lo llamará un accidente. Si lo haces dos veces, lo llamarán una coincidencia. Pero hazlo tres veces, ¡y habrás demostrado una ley científica!

COBOL

MOTHER OF COMPUTING

Durante su adolescencia,
ROSALIND
FRANKLIN supo que

deseaba ser científica y estudió mucho

para convertirse en química. Aunque sus primeras investigaciones se

concentraron en el carbono, eventualmente decidió enfocarse en los

virus. Con la ayuda de uno de sus estudiantes, ella descubrió que hay

dos tipos de ADN (nuestro código genético), y tomó una fotografía

utilizando rayos X para comprobarlo. Un científico que detestaba a

Rosalind mostró su descubrimiento a dos otros científicos llamados

James Watson y Francis Crick, quienes también investigaban la ADN.

Watson y Crick basaron su modelo de ADN en el trabajo de Rosalind, y

cuando recibieron el Premio Nobel de Medicina, no le dieron el crédito

que merecía. A pesar de ello, **ella persistió** en sus investigaciones

y su trabajo sigue siendo utilizado hasta el día de hoy por científicos

investigando varios virus, incluyendo los coronavirus.

La ciencia no
puede ni debe
ser separada
de la vida
diaria.

GLADYS WEST sabía que debía recibir una buena educación para realizar sus sueños. Su familia no tenía mucho dinero, así que **ella persistió**, trabajó duro, se graduó de la secundaria con las mejores calificaciones y obtuvo una beca de la Facultad del Estado de Virginia (hoy, la Universidad de Virginia). Se recibió con un título en matemáticas y fue contratada por la Marina de Estados Unidos, donde enfocó sus estudios en las órbitas de Plutón y Neptuno y descubrió que Plutón orbita dos veces alrededor del sol en el mismo tiempo que le lleva a Neptuno hacerlo tres veces. Luego trabajó en el Seasat, el primer satélite capaz de detectar los océanos. Utilizando esa información, Gladys pudo crear un modelo más exacto de la superficie de la Tierra. Su trabajo brindó la base para la creación del GPS, el sistema de indicaciones utilizado en todo el mundo, por lo que todos podemos agradecerle a Gladys por no perdernos en nuestro camino.

Cuando estás trabajando día a día no piensas:
"¿Qué impacto tendrá esto en el mundo?"
Lo único que piensas es: "Debo hallar la respuesta correcta".

De niña, JANE GOODALL amaba los animales y soñaba con viajar a África para vivir allí y estudiar los animales que sólo había visto en libros. Cuando tenía veintiséis años, Jane se mudó a la reserva de chimpancés Arroyo Gombe (hoy llamado Parque Nacional Arroyo Gombe) en Tanzania, para establecer su propio campamento de investigación y estudiar los chimpancés. Porque no había obtenido un doctorado, algunos dudaron que ella pudiera contribuir algo con sus investigaciones. Ella persistió y descubrió muchos datos nuevos sobre los chimpancés, incluyendo que ellos son capaces de crear y utilizar sus propias herramientas, lo cual nadie había descubierto antes. Aún después de sus descubrimientos revolucionarios, algunos científicos hombres descartaron sus hallazgos porque ella era una mujer joven. Seis décadas después de haberse mudado a Gombe, Jane y su Instituto Jane Goodall continúan estudiando los chimpancés, luchando para protegerlos y educando a jóvenes científicos de todo el mundo.

Cada uno de nosotros marca una diferencia . . . nuestra forma de actuar a diario puede ayudar a cambiar el mundo.

Cuando era niña, FLOSSIE WONG-STAAL asistió a una escuela dirigida por estadounidenses en Hong Kong. Pensando en que le ayudaría a conseguir el éxito más fácilmente, sus padres y maestros la animaron a cambiar su nombre de Wong Yee Ching, a algo que sonaba una poco más estadounidense. Su padre sugirió Flossie, el nombre de un tifón que había arrasado la costa recientemente, quizás porque creía que su hija sería capaz de llevarse al mundo por delante. Cuando se fue a estudiar la universidad en Los Ángeles, **ella persistió** en su amor por la ciencia. Flossie fue una de las primeras científicas en estudiar el VIH, una enfermedad que ataca el sistema inmunológico (nuestra defensa contra los gérmenes). Sus estudios llevaron al desarrollo de medicamentos para combatir el VIH. Sus investigaciones también nos han ayudado a entender mejor al cáncer y otros virus, como el virus que causa el COVID-19. Millones de personas de todo el mundo permanecen vivas gracias a Flossie.

La alegría que trae un descubrimiento es aún mayor cuando sabes que tu trabajo puede marcar la diferencia en las vidas de otros.

Cuando era una niña pequeña, TEMPLE GRANDIN
no hablaba. Luego, la diagnosticaron con autismo. Aún después de que
comenzó a hablar, la escuela le era difícil a Temple porque los otros
niños se burlaban de ella por ser diferente. Pero **ella persistió**.
Después de pasar un tiempo en el rancho de una tía, Temple se dio
cuenta de que los animales que la rodeaban sentían el mismo miedo y la
misma sensibilidad al sonido y al contacto que sentía ella. Después de
completar su doctorado en Ciencias Animales, Temple dedicó su vida
a mejorar las condiciones de vida de las vacas y los toros en ranchos y
granjas. Hoy, el sistema desarrollado por Temple se ha convertido en la
norma para medir la calidad del trato de los animales pecuarios en todo
Estados Unidos. Sus investigaciones, escritos y charlas sobre el autismo
han ayudado a empoderar a niños a saber que ellos también pueden
llegar al éxito, sin importar cómo funcionen sus cerebros.

Lo que le ha dado sentido a mi vida es más que la investigación científica; es ayudar a la gente a resolver problemas utilizando la ciencia. Es marcar la diferencia utilizando todo lo que he aprendido.

De niña, en Iraq, ZAHA HADID visitaba las antiguas ciudades sumerias con su familia, lo cual inspiró su pasión por los edificios, y luego, sus estudios de matemáticas y arquitectura. Aunque sus profesores en Inglaterra sabían que era una estudiante brillante, y aún cuando habían mujeres arquitectas en Iraq en ese momento, algunas personas en Inglaterra pensaban que las mujeres no eran capaces de imaginar espacios nuevos. Ella persistió y estableció su propio estudio. A lo largo de su carrera, diseñó museos espectaculares, el centro acuático para las Olimpiadas de 2012 en Londres y mucho más. Zaha es la primera mujer en recibir el Premio Pritzker de Arquitectura y la Medalla de Oro Real del Instituto Real Británico de Arquitectos por sí sola. Pero, aunque fue la primera, probablemente no será la última; hoy, casi la mitad de los estudiantes de arquitectura en Estados Unidos son mujeres.

Antes no me gustaba que me llamaran una "mujer arquitecta"... Pero ahora veo la tremenda necesidad que otras mujeres tienen de saber que ellas también pueden hacer esto, por lo que ahora no me molesta para nada.

De niña, ELLEN OCHOA no conocía a ningún ingeniero o científico. Luego se convirtió en uno de ellos con una concentración en la óptica (el estudio del comportamiento de la luz) y diseñó sistemas de computación. Nunca se le ocurrió soñar en convertirse en astronauta porque no pensaba que las mujeres podían ir al espacio. Pero todo eso cambió cuando vio a Sally Ride orbitando la Tierra en un transbordador espacial. **Ella persistió** en perseguir su nuevo sueño e ingresó a NASA como ingeniera de investigación. Visitó el espacio cuatro veces, donde pasó casi 1.000 horas en órbita. Después de retirarse de astronauta, Ellen se convirtió en la primera directora hispana del Centro Espacial Johnson, el cual entrena a futuros astronautas y sirve de centro de control de NASA para mantenerlos a salvo.

No tengas miedo de alcanzar las estrellas.

Cuando MARI COPENY tenía ocho años, sabía que el agua de su pueblo, Flint, Michigan, no era suficientemente limpia para beberla o bañarse. Durante un viaje a Washington, DC, Mari le escribió al presidente Obama solicitando una reunión, y él le contestó yendo a Flint en persona para ver la situación por sí mismo. La DRA. MONA HANNA-ATTISHA, una pediatra, ayudó a descubrir que el agua que familias de Flint como la de Mari estaban utilizando contenía altos niveles de plomo, un veneno capaz de dañar el cerebro de los niños, y que los líderes políticos estatales lo habían ocultado. Mari y la Dra. Mona unieron fuerzas para informar a la gente sobre la crisis en Flint y para buscar soluciones que protegieran la salud pública. **Ellas persistieron** y exigieron agua limpia para su comunidad y rendición de cuentas para los líderes que habían ocultado la verdad. Hoy, la Dra. Mona continúa atendiendo a los niños de Flint en su clínica por medio de la organización Flint Kids. Mari también trabaja con Flint Kids, y está fabricando su propio filtro de agua, todo mientras continúa sus estudios.

Nadie es demasiado joven o
pequeño para cambiar el mundo.
(Mari Copeny)

El mundo . . . debería estar lleno
de gente alzando la voz, utilizando
su poder y su presencia, luchando
por la justicia.
(Dr. Mona Hanna-Attisha)

AUTUMN PELTIER, GRETA THUNBERG y ELIZABETH WANJIRU WATHUTI

son tres jóvenes activistas que desean explicarle al mundo lo que la ciencia nos enseña sobre cómo y por qué la Tierra se está calentando y el clima está cambiando. Aunque hay algunos que no quieren creer lo que dicen las jóvenes, **estas tres han persistido** en luchar por nuestro futuro. Elizabeth plantó su primer árbol cuando tenía siete años. Hoy dirige la iniciativa Generación Ecologista, la cual ha plantado más de 30.000 árboles. Autumn comenzó a luchar por agua limpia para las comunidades indígenas norteamericanas mucho antes de convertirse en la jefa de Inspección del Servicio de Agua para la Nación Anishinabek a los catorce años. Cuando Greta comenzó a pasar sus días frente al Parlamento sueco solicitando medidas más definitivas para ayudar al medioambiente a los quince años, lo hizo sola. El año siguiente, millones de personas se unieron a la "huelga escolar por el medio ambiente", exigiendo medidas similares de sus Gobiernos. Ella ha sido nombrada una las personas más poderosas del mundo.

Hemos demostrado que estamos unidos y que
nosotros, los jóvenes, somos imparables.
(Greta Thunberg)

Si ustedes no actúan,
¡lo haremos nosotros!
(Elizabeth Wanjiru Wathuti)

Ningún niño debería crecer sin saber lo que es el agua
limpia, o sin saber lo que es el agua corriente.
(Autumn Peltier)

Así que si alguien te dice alguna vez que las mujeres no pueden ser científicas, o si alguien te dice que las ideas de las mujeres no son suficientemente buenas, o suficientemente inteligentes, no le prestes atención. Las mujeres pueden ser lo que quieran y hacer lo imposible posible, tanto como lo han hecho estas científicas.

Ellas persistieron, y tú puedes hacerlo también.